PAIXÃO

OUTROS LIVROS PUBLICADOS PELA EDITORA RECORD

O MELHOR DO AMOR, O MELHOR DO SEXO – Suzi Landolphi
COMO CONQUISTAR QUALQUER UM, A QUALQUER HORA, EM QUALQUER LUGAR – Susan Rabin e Barbara Lagowski
A CURA PELO SEXO – Barbara Keesling
PRAZER SEXUAL – Barbara Keesling
VIVA UM CASO DE AMOR COM O SEU MARIDO – Susan Kohl e Alice M. Bregman
A MULHER SENSUAL – "J."
O HOMEM SENSUAL – "M."

Barbara De Angelis, Ph.D.

PAIXÃO

tradução de
Roberto Argus

EDITORA RECORD
RIO DE JANEIRO • SÃO PAULO

CIP-Brasil. Catalogação-na-fonte
Sindicato Nacional dos Editores de Livros, RJ.

D321p De Angelis, Barbara
Paixão / Barbara De Angelis; tradução de Roberto Argus. – Rio de Janeiro: Record, 1998.

Tradução de: Passion
ISBN 85-01-05399-6

1. Afeto (Psicologia). 2. Amor. 3. Emoções. 4. Relações humanas. I. Título.

98-1415 CDD – 152.4
CDU – 159.942

Título original norte-americano
PASSION

Publicado mediante acordo com Lennart Sane Agency AB

Impresso no Brasil

ISBN 85-01-05399-6

PEDIDOS PELO REEMBOLSO POSTAL
Caixa Postal 23.052
Rio de Janeiro, RJ – 20922-970

Este livro é oferecido
a Você, que é a Fonte,
o Caminho e o Objetivo
da minha
Verdadeira Paixão,
com amor
e gratidão infindáveis.

Agradecimentos

Agradecimentos especiais a estes queridos amigos
cujo amor inabalável e sabedoria constante
ofereceram-me apoio, lucidez e coragem,
tornando este livro possível:

Sally Fisher, Pam Kear, Sandy Jolley,
Peter Ishkhans, Wendy Goldstein,
Jackie Eckles, Jennifer Munoz
e Swami Kripananda.

Sumário

Introdução

Escrevi este livro como uma oferenda de minha própria paixão pelo trabalho que faço e um convite para a parte de você que sabe que você está pronto para sentir mais, viver mais, amar mais e divertir-se mais. As pessoas, freqüentemente, me perguntam: "Barbara, qual o segredo para criar felicidade?" ou "Qual é a característica que preciso desenvolver para experimentar a verdadeira confiança em concretizar meus sonhos?" ou "Em que devo me concentrar para atrair coisas boas à minha vida?". Minha resposta a todas estas perguntas é sempre a mesma: PAIXÃO.

Paixão é muito mais que a intensa atração física que sentimos por outra pessoa, ou uma forte crença numa causa, ou até mesmo uma atitude entusiástica para com nossos relacionamentos, nosso trabalho e nossa família. Não é só uma qualidade a possuir ou uma emoção a desejar. *Em vez disso, a paixão é uma amorosa e benevolente fonte de energia interior, uma energia que, quando você permitir que flua em sua vida, introduzirá vitalidade, magia e significado a cada experiência, a cada encontro.* Deste modo, viver apaixonadamente é um estado de *ser*, no qual você leva todo o seu coração e sua alma a cada momento de cada dia.

A paixão revela-nos para a vida e abre a porta para seus tesouros mais preciosos. É preciso muita coragem para viver e amar com paixão, mas existe realmente alguma alternativa para aqueles de nós que buscam o mais elevado? Experimentar a paixão, expressá-la, partilhá-la, é dar um presente inestimável a nós mesmos e ao mundo à nossa volta.

Estas reflexões sobre a paixão destinam-se a ajudá-lo a contemplar sua própria paixão de formas, talvez, não experimentadas anteriormente, e para oferecer-lhe novas possibilidades para se tornar a pessoa apaixonada e poderosa que almeja ser. Espero que, à medida que ler, você se anime a trabalhar com mais paixão, agir com mais paixão, amar com mais paixão e crescer com mais paixão. Esta é a vida que você merece viver.

— Barbara de Angelis

Paixão

PARTE UM

Paixão: Seu Self Essencial

Paixão É a Fonte do que Você É

No começo, havia a paixão. A paixão é a origem da sua vida, sua existência absoluta aqui na Terra. Pelo menos por um momento, a paixão aproximou um homem e uma mulher tão poderosamente que eles uniram seus corpos e, desta união apaixonada, nasceu uma semente. Quando esta semente cresceu e estava pronta para entrar no mundo, você o fez com toda paixão que poderia reunir, seu forte choro informando a todos de maneira bem clara que havia chegado!

Todo o seu corpo está sempre vibrando com paixão. Como pode chamar seu coração de qualquer outra coisa que não apaixonado, já que ele bate com incessante lealdade vinte e quatro horas por dia, todos os dias, todos os anos de sua vida? Como pode considerar seus pulmões outra coisa que não apaixonados, uma vez que eles absorvem fielmente, até mesmo quando está dormindo, todo o ar que você precisa? E o que poderia ser mais apaixonado que seu sangue, alegremente correndo através de milhares de caminhos invisíveis em cada parte de seu corpo, levando vitalidade a cada membro e a cada órgão?

Pode parecer que a paixão de seu corpo em mantê-lo vivo é meramente um fenômeno biológico, mas essa mesma paixão que o conduz a um estado de bem-estar é sua natureza essencial, não só física quanto espiritualmente. É o que permite que você dê à luz a si mesmo repetidas vezes. Cada novo começo, cada transformação interior, cada mudança de direção exterior é estimulada por sua paixão por mais fidelidade, mais felicidade, mais liberdade. Cada vez que você escolhe mudar, crescer, melhorar, está escolhendo agir a partir daquele centro interior de paixão.

É a paixão que, por toda a sua vida, será a graça salvadora, porque não permitirá que você desista dos seus sonhos quando todos o aconselham a desistir. Vai incentivá-lo a buscar a parceira certa, embora você receie que ele ou ela não esteja lá. Fará com que continue no caminho da autodescoberta, mesmo quando não tem certeza para onde a estrada o está levando ou o que está procurando. Finalmente, conduzi-lo-á ao destino que você já escuta clamando de dentro de seu coração.

A paixão não é uma qualidade estranha
a você.
Não é uma característica
com a qual algumas pessoas nascem
e outras não.

Ser apaixonado lhe é tão natural
quanto respirar,
tão natural quanto estar vivo.

É a fonte do que você é.

Nossa Fome por Paixão

A fome por paixão é universal. Algo em nossa natureza humana almeja aquela experiência de completa absorção emocional, aquele momento mágico quando estamos soltos, finalmente livres de nossas regras, restrições e rotinas diárias. Cada um de nós, de nosso próprio modo, busca o despertar da paixão. Cada um de nós procura aquilo que permite que nos sintamos totalmente vibrantes, totalmente vivos.

Você já desejou saber a razão por que há tantos fanáticos por esportes que nunca parecem se cansar de futebol, basquete, beisebol ou hóquei, dependendo da estação? Talvez tenha observado seu próprio companheiro gritando na frente da televisão e batendo no sofá, e tenha se espantado com a intensidade de sua reação àquilo que, para você, parece "apenas um jogo". O que o deixa tão hipnotizado a ponto de nunca passar mais que uns poucos dias sem assistir a um jogo?

Ou talvez você tenha uma amiga apaixonada por novelas ou romances. "Como ela consegue assistir a esse lixo?", pensa você consigo mesmo. "E aqueles livros — todos eles têm a mesma trama e as mesmas previsíveis cenas de sexo? Por que ela lê um após o outro?"

Este homem e esta mulher podem ficar chocados ao descobrir que, embora na superfície pareçam ser muito diferentes, na verdade ambos desejam a mesma coisa: PAIXÃO. Quando ele assiste a um evento esportivo profissional, o que vê? Normalmente, um grupo de homens correndo para cima e para baixo no campo, ou na quadra, esforçando-se apaixonadamente, com toda a energia, toda a concentração, em direção a um objetivo. Quando ela lê seu romance, com o que entra em contato? Personagens levando vidas dramáticas repletas de excitação, intensidade e, sim, paixão.

É a paixão que nos diverte. Quando um time joga sem paixão, o jogo torna-se enfadonho. “Esses caras estão dormindo”, reclama um fã frustrado à medida que relutantemente troca de canal ou deixa a arquibancada antes do término, esperando ir para casa e pegar o final de outra competição, mais apaixonada, na TV. Quando um romance é escrito sem paixão, você rapidamente perde o interesse em lê-lo. “Nada acontece”, conclui com desapontamento quando coloca o livro de lado.

Para alimentar esta fome por paixão, recompensamos regiamente aqueles que conseguem elevar nossas emoções às maiores alturas — atores, atletas profissionais e músicos de *rock*, todos fazem milhões de dólares porque sabem como estimular nossa paixão. Certos ou errados, estabelecemos um valor financeiro mais alto em suas habilidades para nos estimular do que nas pessoas que educam nossos filhos ou cultivam nosso alimento.

Não há nada errado em admirar indivíduos ou desfrutar de competições que estimulem nossa paixão. O problema surge quando não experimentamos paixão suficiente em nossas próprias vidas e tentamos viver a paixão de outra pessoa. O fanático por esportes que fica mais excitado olhando estranhos suados chocando-se uns com os outros do que passando um tempo com sua própria esposa, o fã de um programa de televisão que sente mais emoção pelos personagens que vê todo dia ou a cada semana do que consigo mesmo, a pessoa que adora ler, nos tablóides, sobre os dramas e desapontamentos de outras pessoas e evita enfrentar os seus próprios — todas são pessoas que se isolam de suas próprias paixões, de suas próprias existências, de suas próprias vidas.

Se você está em busca de sua própria paixão, comece evitando soluções de emergência e contatos efêmeros. Em vez disso, interiorize sua consciência. Somente sua própria paixão irá satisfazê-lo verdadeiramente. Somente sua própria paixão nunca pode ser roubada de você. Somente sua própria paixão pode fazê-lo sentir-se verdadeiramente vivo a cada momento de cada dia.

Quando você conta com outras pessoas
para entusiasmar-se com a vida,
está fazendo delas a fonte
de sua própria paixão.

Quando você depende de outras pessoas
para estimulá-lo a sentir,
está lhes permitindo que controlem
sua existência.

Torne-se a fonte de sua própria paixão.
Torne-se a fonte de sua própria existência.

Tornando-se uma Pessoa Apaixonada

Quem são seus heróis, suas heroínas? Quem você admira? Com quem deseja ficar mais parecido? Se fizer uma lista de pessoas que verdadeiramente respeita, que o inspiram, é provável que todos tenham partilhado uma característica: PAIXÃO. Alguns podem ter uma paixão surpreendente por uma causa ou crença, outros, por sua forma de expressão artística ou ainda por alcançar certos objetivos, mas todos, provavelmente, seriam indivíduos sobre os quais você diria: "*Ele ou ela é de fato uma pessoa apaixonada.*"

O que é tão atraente em alguém que está apaixonado? *Quando encontramos uma pessoa que está apaixonada pelo papel que desempenha no mundo, estamos testemunhando a força vital expressando-se completamente através deste indivíduo.* Quer seja ele um músico apaixonado por suas canções, um mestre espiritual apaixonado por Deus ou um professor apaixonado pelo que está ensinando, todas estas pessoas estão se entregando inteiramente à vida, e a vida retribui entregando-se totalmente a elas e através delas.

Quando dizemos que alguém é "carismático", o que realmente estamos percebendo é sua paixão. A paixão é sedutora. É fascinante. Nós somos atraídos pelas pessoas apaixonadas. Desejamos observá-las, ouvi-las, estar à sua volta e, secretamente ou não, nos transformar nelas.

Este, então, é o verdadeiro segredo para encantar os outros, inspirá-los, para nos tornar o tipo de pessoa que provoca um verdadeiro impacto no mundo — descubra sua paixão pela vida, pelo amor, pelo que você acredita e deixe-a brilhar.

A paixão age como um ímã
que nos atrai à sua fonte.

Somos atraídos por pessoas
que irradiam paixão,
que vivem com paixão,
que respiram com paixão.

Sua paixão é seu verdadeiro poder.
Quanto mais você descobrir e expressar
sua paixão pela vida,
mais irresistível tornar-se-á
aos outros.

Compromisso Cria Paixão

A paixão nasce do compromisso. Quando você está comprometido com algo, quer seja um sonho, uma causa ou um relacionamento, você fica apaixonado. E quanto mais profundo seu compromisso, mais forte sua paixão.

Como o compromisso cria paixão? É a verdadeira experiência interior de comprometer-se com algo em que acredita que desencadeia seu entusiasmo natural, sua devoção natural. Naquele momento em que você percebe, "Sim, acredito nesta idéia" ou "Acredito nesta pessoa", é como se sua mente afinal desse permissão ao seu coração para participar completamente com o que ou com quem estiver comprometido. De repente, você está inundado com mais excitação, mais energia, mais amor. O compromisso age como uma chave que abre a porta para seu depósito secreto de paixão.

É muito difícil sentir-se apaixonado por algo sem estar comprometido. Na verdade, é quase impossível. Pense em alguma coisa com que você não se sente particularmente comprometido a fazer ou a participar — uma causa política na qual não acredite, um projeto de trabalho que não aprove, pequenas tarefas pela casa que seu parceiro ache importantes e que você não considere necessárias. Pergunte-se: "Eu me sinto apaixonado por estas coisas?" É claro que a resposta é um ressonante "NÃO". Sua falta de comprometimento não permite que sua paixão flua para estes projetos. *Você simplesmente não fica motivado em se preocupar com eles e agir exteriormente porque nunca se comprometeu com eles internamente.*

Tente esta simples experiência: Escolha uma área de sua vida na qual você parece sentir mais paixão, talvez seu relacionamento, seu emprego ou seu crescimento emocional ou espiritual. Então, por um dia, comprometa-se mais profundamente. Se for seu relacionamento ou casamento, expresse mais compromisso através de palavras e comportamento. Concentre-se nas melhores qualidades de seu parceiro e lembre-se de quanto o ama.

Se for com seu trabalho, entregue-se de todo o coração a cada tarefa e cada interação. Por exemplo, se seu trabalho envolve vendas, trate cada cliente com tanta atenção, respeito e interesse quanto for capaz. Se você é um *designer* gráfico, coloque todo o seu ser em cada desenho, em cada pintura, como se fosse sua maior obra-prima. Se você é mãe em tempo integral, ajude seu filho com o dever de casa como se o amor que mostra nesta meia hora mudasse o curso de sua vida.

Talvez você esteja experimentando aprofundar seu comprometimento numa área de crescimento pessoal, como diminuir seu ritmo habitualmente agitado e apreciando mais os momentos especiais da vida. Passe um dia atento aos momentos em que se torna mais estressado e lembre-se de fazer uma pausa por uns poucos segundos apenas. Neste momento, pode conscientizar-se do que havia perdido — as belas árvores cobrindo as ruas por onde passa em seu caminho para o escritório; como seu cachorro parece esperto quando passa por ele na cozinha enquanto corre para fazer o jantar; o som dos pássaros noturnos e grilos cantando fora de casa quando você está pronto para ir dormir e já pensou sobre quanto terá de fazer no dia seguinte.

Você ficará espantado como o ato de comprometer-se mais intensamente a uma coisa com a qual se preocupa por apenas um dia; isso pode transformar sua experiência de vida e você mesmo. Pessoas que pareciam desanimadas repentinamente se tornam interessantes, divertidas e atraentes. Tarefas que pareciam mundanas e maçantes tornam-se estimulantes e o preenchem com contentamento. Desafios pessoais que parecem inatingíveis tornam-se oportunidades para realizações significativas e duradouras. Acima de tudo, você descobrirá que sua própria paixão estava esperando por uma oportunidade para eclodir e expressar-se.

Quanto mais você se
se entrega a algo,
mais paixão receberá
em retribuição.

Faça o que quer que seja com
comprometimento. Ame quem quer que seja
com comprometimento.
Escolha o que quer que seja
com comprometimento.

Então, o que quer que você faça ficará
impregnado de paixão.
Os relacionamentos que tem vibrarão
de paixão.
As escolhas que fizer ressoarão
com paixão.

Paixão e Indiferença

A indiferença é inimiga da paixão. É inimiga da vida. Quando você diz para si mesmo, "Não me importo", não se desliga só de alguém ou de alguma coisa — você se desliga de sua própria força vital, daquela fonte de amor e poder dentro de si mesmo.

Hoje a indiferença está quase na moda. Ser indiferente é ser *cool*, estar distante do que acontece, ser verdadeiramente independente. Frases como "que seja..." e "Eu não ligo a mínima" são ouvidas todos os dias na TV, no escritório, nas escolas e em casa. Nós as ouvimos de nossos jovens, de nossos amigos, amantes e, o mais perturbador, de nós mesmos.

A indiferença é uma atitude insidiosa. Pode dissimular-se, aparentando ser outras qualidades mais desejáveis como força interior, introversão e harmonia emocional. "Não é que eu não sinta coisa alguma", você insiste com alguém que o acusa de ser indiferente. *"Só estou muito centrado, por isso não estou reagindo muito."* Quando você combina indiferença com auto-retidão, a primeira responde mais agressivamente, fazendo com que se sinta certo e os outros errados: *"Olhe, só porque você está excessivamente emocional e perdendo o controle não significa que eu tenha de fazer o mesmo. A única razão de eu parecer indiferente é porque para você qualquer coisa menor que impetuosidade ou histeria é indiferença!"*

Eu sei que algumas pessoas tentam justificar sua indiferença mascarando-a como espiritualidade. *"Eu não sou indiferente"*, declaram elas. *"Somente não estou mais ligado a coisas do mundo exterior como costumava estar."* Isto é o que chamo de "compreensão de jardim de infância" da realização espiritual. A história já nos mostrou incontáveis exemplos de santos, mestres e seres sagrados que jamais poderiam ser descritos como indiferentes. De fato, quanto mais entramos em contato com nossa essência divina e percebemos a verdade da vida, mais reconhecemos a unidade inerente em tudo na criação e, deste modo, mais amor sentimos por todos.

Qual, então, é a origem de nossa indiferença? *Na maior parte do tempo, é o medo — medo da dor, medo da perda, medo de sentir demais.* Por exemplo, quando dizemos "Não me importo", o que geralmente queremos dizer é: *"Não sei como me importar sem me machucar"*, ou *"Desejo não me importar"*, ou *"Tenho medo de me importar porque sei que tal interesse será mais desafiador para mim do que não me interessar"*, ou *"Estou furioso porque me importo demais"*. A indiferença torna-se a armadura que escolhemos usar, esperando evitar a dor por amarmos sem sermos amados, ou falhar em um de nossos objetivos, ou ter de enfrentar a crítica e a desaprovação dos outros.

Não permita que sua indiferença o iluda. A indiferença nunca lhe dá forças. A indiferença nunca o protege. Ao contrário, cria um muro de insensibilidade e orgulho entre você e aquilo que deseja — intimidade, paixão e realização de seus objetivos e sonhos. *No final, a indiferença rouba sua maior força, sua maior proteção e sua maior bênção — o amor e a paixão abundantes que vivem em seu coração.*

É preciso muita coragem e humildade para enfrentar sua indiferença. Pergunte a si mesmo:

> *"Há alguma área da minha vida na qual estive me escondendo do meu medo ou dor por trás da indiferença?"*
>
> *"Como venho me distanciando de pessoas e coisas com as quais realmente me importo?"*
>
> *"Onde, em minha vida, preciso me interessar mais?"*
>
> *"De quem venho assumindo como certos o amor, a amizade e a generosidade e respondido com indiferença?"*

Só este ato de desafiar sua indiferença com honestidade despertará instantaneamente seu interesse e sua paixão e começará a derrubar os muros em torno da fonte de amor dentro de seu coração.

Não permita que o medo o seduza
para a indiferença.

Guarde sua paixão
como guardaria
sua posse mais preciosa.
Defenda-a como defenderia
do perigo sua companhia
mais querida.

Você será recompensado com uma vida
de graça e exuberância.

Paixão e Controle

Você é o tipo de pessoa que precisa estar o tempo todo no controle? Você fica irritado quando as coisas estão fora do lugar, quando as toalhas não estão penduradas direito, quando alguém estaciona em cima da faixa, quando um copo é esquecido no balcão, quando as coisas não vão exatamente do modo como planejou? Sendo assim, você provavelmente não está experimentando tanta paixão em sua vida como desejava, porque *paixão é o que acontece quando não nos preocupamos com o controle.*

Controle, na verdade, é a antítese da paixão. O controle aborda as situações com rigidez; gosta de confinar as coisas a limites; ele busca segurança, carece de movimento; resiste a mudanças.

Paixão, por outro lado, supera os limites e almeja o ilimitado, o infinito. Desenvolve-se no desconhecido; inspira o movimento e a transformação; adora o desimpedido.

A paixão não é necessariamente lógica, ou apropriada — palavras favoritas daqueles que adoram o controle. Manifesta-se simplesmente porque assim o deseja. Expressa-se por sua própria vontade. *Seu propósito é somente a celebração da vida, do amor, da criação de Deus.*

Imagine que você está excursionando na floresta num dia frio de inverno e cruza um turbulento rio gelado. A lógica calmamente lhe diz que, não importa o calor que esteja sentindo por causa da caminhada, a água está muito fria para nadar, mas a paixão cresce em seu coração e grita: "Tire as roupas e mergulhe — agora!!" Algo dentro de você deseja experimentar a maravilha da vida, o presente da natureza, a magia do momento, quer faça sentido para a mente ou não. E quando você mergulha na água, gritando de alegria à medida que cada célula de seu corpo desperta, você se sente completamente presente, totalmente vivo. *Você está fora de controle, e amando cada segundo disso!*

Para entrar no mundo da paixão, devemos renunciar à nossa necessidade de prever as conseqüências e compreender exatamente o que está acontecendo momento a momento. Devemos estar abertos ao misterioso, ao inesperado, ao sutil. Precisamos nos libertar da necessidade de satisfazer nossas expectativas habituais e permitir que o incomum se revele. Devemos estar dispostos a abandonar o controle e nos aventurar em novos caminhos de sensação, percepção, experiência, caminhos que nos proporcionarão mais alegria e maravilha que nunca imaginamos existir.

Abra-se para o potencial
deste momento.

Esqueça de como acha que
deveria parecer.
Esqueça de como acha que
deveria sentir.
Esqueça de tentar controlar
o que está acontecendo.
Apenas esqueça...

Agora, você criou o espaço
para a mágica ocorrer.
Agora, você abriu a porta
de forma que o mistério possa entrar.
Agora, você abriu espaço em seu coração
para a paixão.

O Segredo que Todas as Crianças Sabem Sobre a Paixão

Todas as crianças possuem um segredo que poucos adultos lembram ou compreendem — o segredo para viver cada momento com paixão e admiração imutáveis. Observe uma criança brincando e você verá a paixão em ação. Cada decisão é tomada com paixão; cada oportunidade é explorada com paixão, cada nova aventura começa com paixão; cada obstáculo é enfrentado com paixão. Você pode testemunhar esta paixão brilhando nos olhos da criança, ouvi-la em seus gritos e risadas alegres, senti-la no ar à sua volta. Ela está verdadeiramente celebrando sua existência. Está verdadeiramente viva.

O que permite que uma criança dê tanto a tudo que faz? Acredito que seja sua inocência. Ela ainda não aprendeu a ser autoconsciente, então não se importa se a musiquinha que está cantando para si mesma soará tola para os outros. Ela ainda não aprendeu a temer o fracasso, por isso não se importa se cai dez vezes enquanto tenta aprender a andar de patins. Ela ainda não aprendeu a indiferença, assim não se preocupa se está mostrando muita excitação por causa de seu iminente passeio ao parque de diversões. Em vez de concentrar-se em como é percebida, mergulha na absoluta alegria de ser ela mesma.

As crianças também sabem intuitivamente outra coisa sobre estar apaixonado — é bom! É por isso que as crianças se permitem sentir completamente. Rir verdadeiramente, chorar verdadeiramente, desejar algo verdadeiramente, precisar verdadeiramente de alguém são fortes expressões da emoção que nós, adultos, raramente nos permitimos, particularmente quando estamos com outras pessoas. Em vez disso, nossa paixão natural fica separada de sua essência pura, e o que experimentamos é um tipo de participação cautelosa em nossos sentimentos, que nos deixa apáticos ou mesmo indiferentes demais para com nosso mundo.

Se você suspeita que se tornou um adulto aborrecido, entediado, impassível como aqueles que jurou que nunca se tornaria, então talvez seja a hora de resgatar a criança que costumava ser do armário da conveniência, onde a trancou há alguns anos. Deixe que ela saia de vez em quando. Permita que seja seu mestre. Você ficará encantado ao descobrir que se importará mais com os outros, ousará mais, rirá mais, abraçará mais, questionará mais, divertir-se-á mais e, claro, sentirá mais paixão por cada momento de sua vida absolutamente maravilhosa.

Quando foi a última vez que
você deixou sua parte
apaixonada atuar?

Quando foi a última vez que
você se divertiu tanto quanto seus filhos?

Quando foi a última vez que você
se sentiu excitado só por estar vivo?

Pare de se preocupar
com o que as outras pessoas pensam,
ou se o que você sente parece
prático, útil ou eficiente.

Seja tolo.
Seja apaixonado.
Seja você mesmo.

Paixão e Rendição

Lembre-se de uma época quando experimentou espantosa paixão. A paixão pode ter sido física, emocional, ou até mesmo espiritual. À medida que relembra este momento de grande intensidade, perceberá que, enquanto sentia aquela inundação de paixão, também experimentou uma sensação de rendição: você não estava no controle da experiência. Algo mais poderoso assumiu o comando e você se rendeu. Você não se importou. Permitiu-se ficar alheio ao que estava acontecendo, e deste ato de rendição nasceu a paixão.

Se a experiência de que se lembrou foi um momento de grande paixão física, pense no que ocorreu antes daquele instante. Você sentiu ondas de prazer crescendo em seu corpo até que, num certo ponto, a intensidade destas ondas se tornou maior que qualquer sentido de controle anterior, e você se rendeu por completo àquela sensação. Se tivesse resistido, se temesse entregar-se completamente, se não estivesse disposto a se render, teria interrompido o prazer de alcançar seu pico apaixonado.

Talvez tenha se lembrado de uma experiência de paixão emocional, um momento de sentimento intenso. Talvez o nascimento de seu filho, uma reunião há muito tempo esperada com um membro da família ou um encontro com alguém ou algo que o tocou profundamente. Retorne e lembre-se de como sentiu as emoções crescendo dentro de você, tornando-se mais e mais fortes, até que sentisse como se seu coração fosse explodir — e então aconteceu, em ondas de alegria e êxtase. Não é por acaso que isto soa como a descrição de um orgasmo emocional; o processo é muito similar. Você se rendeu aos sentimentos, o quão vulnerável eles fizeram com que se sentisse, e permitiu que eles crescessem até que explodissem num profundo momento de paixão emocional. Se você tivesse lutado contra as sensações, teria paralisado seu coração e nunca experimentado tanto amor, tanto prazer.

Muitas pessoas não compreendem muito bem o verdadeiro significado da rendição. Não é o mesmo que desistir, renunciar a seu poder ou perder algo valioso, como render-se numa batalha. *Render-se significa tirar seu limitado ego do caminho e alinhar-se com uma força mais poderosa que sua vontade. Quando você se rende, abandona o que quer que persistentemente o segura no lugar em que está, e flui com a corrente do rio da vida que deseja levá-lo a algo maior.*

Se a idéia de rendição o apavora, provavelmente você não experimentou tanta paixão quanto poderia em todas as áreas de sua vida. Comece a observar quando está resistindo à rendição, quando está tentando não perder seu terreno, manter seus limites, quer durante uma conversa, um ato de amor, uma caminhada no parque ou um encontro com suas próprias emoções. Permita-se, um pouco de cada vez, fazer uma respiração profunda e deixar a força que sente movendo-se em você levá-lo aonde ela deseja ir. Neste momento de rendição, você repentinamente experimentará uma onda de paixão inundando-o!

Render-se à sua própria paixão
não é render-se a algo
ou alguém
de fora.

É render-se ao poder
de seu próprio amor,
sua própria alegria.

É render-se ao seu Self.

O Coração É o Lar da Paixão

A paixão não é uma idéia, é uma sensação. Não é uma atitude, é um modo de ser. Não tem nada a ver com inteligência, esperteza ou compreensão. Seu lar é o coração.

O verdadeiro coração do qual estou falando não é um lugar em seu corpo. É um estado em que você entra quando está disposto a sentir, quando está disposto a amar, quando está disposto a ser amado. Este verdadeiro coração é o núcleo do que você realmente é. É a pulsação de seu espírito.

Ironicamente, a maioria de nós não se esforça para cultivar o coração. Ao contrário, a sociedade nos instrui a nos tornarmos valiosos conseguindo um emprego magnífico ou um casamento com uma pessoa magnífica, ganhando dinheiro e acumulando posses. Domínio emocional não está na lista de realizações as quais somos encorajados a conseguir. Nossa vida pode ser confortável e parecer aceitável aos outros, mas, se formos honestos conosco, temos de admitir que é destituída de qualquer paixão real e consistente. E mesmo que desejemos sentir mais, em geral não estamos muito certos de como agir.

Se nos orgulhamos de ser altamente inteligentes, talvez descubramos que ainda é mais difícil experimentar a verdadeira paixão. As pessoas que passam muito tempo em seus próprios cérebros não são freqüentemente os indivíduos mais apaixonados. Se seu objetivo é ser esperto ou sábio, concentrará sua energia em desenvolver talentos, coletar informações e tirar conclusões. Imagine que quanto mais você souber, mais feliz será. Na verdade, geralmente o oposto é verdadeiro — quanto mais você souber, mais lógico se tornar, mais você deixará sua mente dissuadi-lo dos seus sentimentos, da sua paixão. O resultado? Você corre o risco de se tornar seco, inflexível e inacessível.

Não estou sugerindo que deva se tornar descuidado para viver com mais paixão. Tornar-se mais apaixonado *não* significa abandonar o uso de seu intelecto. A mente é uma ferramenta poderosa e necessária, que o ajuda a canalizar sua paixão através dos veículos da criatividade e comunicação e proporciona equilíbrio às suas emoções, mas, com muita freqüência, nos escondemos por trás do muro daquilo que conhecemos para evitar encarar o que sentimos, e é quando nos separamos de nossa paixão.

Se você quer passar mais tempo em seu coração, passe mais tempo com pessoas que estão em contato com seus corações. Ainda não percebeu que a paixão é contagiosa? Quando você está com alguém cujo coração está aberto, será muito mais fácil e muito mais seguro abrir-se a seus próprios sentimentos. Olhe em volta — o mundo está cheio de gente que só espera dançar com você no reino mágico de seu coração.

Para encontrar o caminho de volta à sua paixão, você precisa primeiro encontrar o caminho de volta ao seu coração.

Lá, no centro de seu ser,
reside a fonte do que você é.

Você é luz.
Você é alegria
Você é amor.

PARTE DOIS

Paixão e Relacionamentos Íntimos

A Paixão Sagrada do Corpo

No reino físico dos relacionamentos, nada é mais íntimo que partilhar a paixão em seu corpo com a pessoa amada. Esta paixão é aquela parte de seu ser que ninguém mais no mundo vê, a parte que você guarda só para ele ou ela. É sua força vital propriamente dita, o modo como seu espírito dança na carne, portanto ela é sagrada. Por isso a partilha de sua paixão na forma de união sexual torna-se igualmente sagrada.

A maioria de nós nunca emprega juntas as palavras "paixão" e "sagrado". Fomos ensinados que paixão é uma emoção básica, sinônimo de luxúria, e que coisas sagradas nada têm a ver com o corpo, que elas transcendem o físico. Contudo, o corpo físico não é simplesmente a expressão do espírito? E, portanto, a intimidade não é uma das maneiras como a força vital atua sobre a estrutura do corpo?

Se tudo que você estiver buscando em seu relacionamento sexual for prazer, está se iludindo. Não estou dizendo que você deve desviar-se do prazer e da paixão física. Só não pare aí! Há muito mais à sua disposição. *A paixão natural que você sente por seu parceiro pode ser uma porta de entrada para um novo tipo de experiência sexual, onde aprende a empregar o amor físico como uma oportunidade para a comunhão sagrada.*

Deste ponto de vista, a sensação de paixão é somente o ponto de partida do ato de amor. É a expressão física de um desejo muito mais eterno, muito mais abstrato. Oculto no núcleo da paixão está o desejo pela união, pela completa unidade com seu amado. *Seu corpo pode estar tentando entrar em contato com o corpo da pessoa amada, mas, na verdade, é sua alma que, através do veículo de seu corpo, está se estendendo para tocar a alma da pessoa amada.*

Se estiver pronto para novos e surpreendentes níveis de realização em seu relacionamento, então não aceite precipitadamente a paixão que sente por seu companheiro. Analise profundamente suas origens. Fale com ela. Pergunte à sua paixão: "Por que deseja abraçá-lo?" "Por que deseja possuí-la?" Ouça as respostas em seu coração e não se surpreenda se ouvir a voz de seu próprio espírito sussurrar: "*Ser um... ser um... ser um...*"

A paixão começa onde seus corpos se unem
e termina onde suas almas dançam.

Quando seus espíritos puderem se unir
ao mesmo tempo em que seus corpos
se tornarem um,
então vocês estarão fazendo amor.
Não haverá nada entre vocês
que não seja amor.

Esta é a comunhão sagrada.
Isto é êxtase.

Paixão Emocional

Um relacionamento íntimo não pode sobreviver muito tempo só com paixão física. Deve haver um forte vínculo não só entre os corpos, mas também entre os corações dos dois amantes. Este vínculo transcende a mera atração sexual. É um vínculo de paixão emocional entre você e seu companheiro.

Todos nós sabemos o que significa e o que sentimos quando estamos fisicamente apaixonados por alguém. Por esta razão, em geral consideramos a paixão como uma sensação. Então o que significa estar emocionalmente apaixonado por uma pessoa? O centro da paixão emocional está no coração, não nos órgãos sexuais. Não se baseia em fascinação, química ou desejo. *É baseado num reconhecimento profundo do amor em outra pessoa, o amor em seu próprio* self, *e a alegria que estas duas forças produzem quando atuam juntas.*

Você pode ser capaz de sentir paixão física por alguém de quem não gosta muito, mas luxúria e amor são dois sentimentos diferentes. *Para sentir paixão emocional por uma pessoa, você precisa realmente gostar dela.* Você se apaixona pelo caráter de seu parceiro; você se apaixona por sua personalidade, você se apaixona por sua mente, você se apaixona por seu espírito. Diferente da paixão física, que nasce da necessidade, a paixão emocional surge de uma ressonância inconfundível que se sente com a pessoa amada.

O maravilhoso na paixão emocional é que quanto mais momentos de amor você partilha com o companheiro, mais forte se torna a paixão emocional. Cada dia, ele faz algo fantástico que permite que você veja sua grandeza. Cada dia, ela diz algo atencioso que permite que você perceba sua sensibilidade. O tempo torna-se o amigo de seu relacionamento, enquanto cria mais e mais oportunidades para seu parceiro revelar sua bondade, sua doçura, sua gentileza e, assim, mais energia para alimentar sua paixão emocional por ele.

É a paixão emocional que mantém um casamento por toda a vida; é a paixão emocional que permite que um casal enfrente grandes desafios e crises e se torne mais íntimo que antes; é a paixão emocional que o faz sentir-se verdadeiramente seguro e verdadeiramente amado.

Esta paixão do coração ancora seu relacionamento nas profundezas do mar da devoção, que não oscila somente por causa das ondas de dificuldade na superfície. A paixão emocional não diminui quando você ou a pessoa a quem ama engorda cinco quilos, ou quando um de vocês fica seriamente doente, ou mesmo quando, por algum tempo, não estão obtendo o que acham que deveriam um do outro. Juntos, algumas vezes passam por ondas turbulentas na vida, seguros do conhecimento de que nenhuma tempestade pode destruir a eterna fidelidade de seu amor.

É na paixão do coração
que a força de seu amor se revelará.

A paixão que dura não pode basear-se
na atração a um corpo físico
que sempre está mudando.

A verdadeira paixão emana de sua alma,
que reconhece seu companheiro no outro
e se alegra no milagre
de sua reunião.

Encontrando Tempo para a Paixão

Recentemente, durante uma sessão de perguntas e respostas no final de uma das minhas conferências, um casal levantou-se e partilhou seu dilema sobre experimentar mais paixão em seu casamento. *"Desejamos mais momentos de paixão"*, admitiram, *"mas nós trabalhamos muito, temos dois filhos pequenos e na maior parte do tempo estamos cansados demais para fazer sexo com tanta freqüência quanto costumávamos. O que podemos fazer?"*

Isto decerto lhe soa dolorosamente familiar, se você tem um relacionamento duradouro. Talvez tenha desejado saber se alguma coisa está errada com você ou com seu casamento por não estar fazendo amor com tanta freqüência quanto acha que deveria. *"Se eu realmente amo esta pessoa como costumava amar"*, você se pergunta, *"não deveria desejar fazer sexo com mais freqüência?"*

A resposta é: não exatamente. Há muitas razões pelas quais os casais fazem amor com menos freqüência, e o fato é que muitas destas razões têm pouco ou nada a ver com os sentimentos dos amantes e mais com a realidade da vida. A vida toma tempo; a vida é cansativa; a vida sempre nos surpreende com repentinas emergências e ultimatos, com projetos, filhos e questões de saúde que exigem atenção imediata. Para estes obstáculos, não importa há quanto tempo você e seu marido não fazem sexo. Eles não se importam com quanto os deixam cansados ou emocionalmente esgotados. Aparecem porque fazem parte do drama deste mundo.

Então a primeira parte da resposta é: *Relaxe*. Você não está sozinho. Você não é anormal. Você e seu parceiro são simplesmente humanos, e fazem o melhor que podem para equilibrar seu compromisso com sua família, sua carreira, vocês mesmos, sua comunidade e seu relacionamento, uma proeza nada fácil. Você provavelmente também está lidando com uma longa lista de questões psicológicas que estão agindo no casamento e, goste ou não, sempre afetam sua vida no quarto.

Como lidar com tudo isso? *Comece concentrando-se na qualidade de sua paixão em vez de na quantidade.* Talvez não possa esperar o mesmo tipo nem a mesma quantidade de vida sexual ativa que teve na primeira fase de seu relacionamento, mas pode e deve esperar qualidade em sua intimidade física, a qualidade que torna cada ato de amor verdadeiramente especial, verdadeiramente significativo.

Por exemplo, antes de terem filhos, vocês costumavam fazer amor duas vezes por semana, e agora fazem uma ou duas vezes por mês. A princípio pode parecer uma alarmante queda de freqüência! Mas se você abordar estes momentos com reverência, como ocasiões importantes e sagradas quando você e seu parceiro celebram e expressam um ao outro seu amor e compromisso, então cada um deles será igualmente significativo e talvez até mais gratificante que o sexo que "também" costumavam fazer todas as outras noites.

Aqui há outro ponto a ser lembrado: *Não limite suas*

expressões de paixão ao quarto. Intimidade sexual é só um modo de mostrar sua paixão pela pessoa amada e pela dádiva de seu relacionamento. Você pode expressar sua paixão com palavras num cartão ou num bilhete de amor; pode expressar sua paixão através de atos atenciosos, como se oferecer para cuidar do filho, para que sua esposa possa ter meia hora para ela mesma; ou fazer uma rápida massagem nas costas do seu marido quando ele chega em casa; você pode expressar sua paixão convidando seu companheiro para o cinema, ou colocando uma de suas músicas favoritas e convidando-o para dançar.

Não espere até o momento de intimidade física para expressar sua paixão. Não a guarde para alguma ocasião futura! *Comece achando pelo menos um instante todo dia no qual expresse completamente sua paixão pela pessoa que ama. Depois, ache outro e outro.* Antes que perceba, seu relacionamento refletirá paixão, e quando estiver prestes a fazer sexo, descobrirá que já estava fazendo amor muito antes de ir para a cama!

No instante exato em que sua paixão
se expressa, quer
através de um abraço,
um doce olhar,
ou um ato de gentileza,
você entra no mundo
eterno do coração.

Não importa o que
aconteceu antes.
Não importa o que acontecerá depois.

Tudo que importa é este momento.
Tudo que importa é o amor.

Pare de Esperar que a Paixão o Encontre

A dedicação cria paixão, não somente em nosso trabalho ou em nossa vida criativa, mas principalmente em nossos relacionamentos íntimos. Para sentir-se apaixonado pela pessoa que ama, você primeiro precisa sentir uma autêntica dedicação a ela. A paixão amorosa da qual estou falando não é a paixão puramente física ou a luxúria — algumas pessoas podem até sentir esse tipo de paixão fugaz com um estranho, então esta não é uma grande realização. A verdadeira paixão à qual me refiro inclui a física, mas vai muito além. É a paixão emocional que surge quando você se dedica completamente a amar outra pessoa.

Infelizmente, muitos pensam que isto acontece de maneira inversa — nós pensamos: "Irei dedicar-me mais quando sentir mais paixão." E desejamos saber por que as coisas não acontecem do modo que queremos, por que nos sentimos bem no relacionamento, mas não maravilhosos, e atribuímos isso à falta de compatibilidade. Talvez nos importemos profundamente com alguém, e até mesmo desejemos nos dedicar mais, mas estamos esperando uma enorme explosão de paixão em nossos corações como um sinal de que, realmente, *este* é o parceiro perfeito.

O que não vemos é que o que nos afasta da absoluta experiência de paixão que estamos procurando é o fato de nos re-

trairmos em nossos corações. Enquanto você está esperando que a paixão o encontre, sua paixão está esperando que você a encontre.

Por esta razão, devemos ser muito cuidadosos sempre que chegarmos a um ponto do relacionamento no qual questionamos nossa dedicação. Embora estes momentos de auto-análise muitas vezes sejam necessários e saudáveis, não devemos esquecer que o ato de evitarmos nossa dedicação afetará o nível de paixão que sentimos. Se estivermos reavaliando nosso relacionamento, é importante levar em consideração que o processo vai diminuir sua paixão por aquela pessoa. Então podemos tomar nossas decisões baseadas em outros elementos de compatibilidade mais substanciais e imutáveis, tais como amizade, respeito, objetivos comuns e um desejo mútuo de fazer a parceria funcionar.

Pratique dedicar-se ao que está *funcionando num relacionamento, em vez de concentrar-se no que não está funcionando.* Você pode vir a descobrir que o ato de dedicar-se abre seu coração em níveis de amor e paixão que nunca pensou fossem possíveis. Sua própria dedicação tem o poder de levar cura aos pontos ásperos de seu relacionamento e construir novas pontes de esperança, segurança e conexão.

Não espere até que sua paixão
o encontre.
Crie um campo fértil no qual
a verdadeira paixão possa se desenvolver
com facilidade.

Dedique-se a seus relacionamentos
tão completa e genuinamente
quanto puder.

O poder de sua dedicação
nutrirá as sementes da paixão
e permitirá que elas floresçam
em seu coração.

Sabotando sua Busca por um Relacionamento Apaixonado

Algumas pessoas não conseguem ficar num relacionamento sério porque têm dificuldade para se dedicar a alguém e reclamam que nunca encontram a pessoa "certa". "Eu simplesmente não sinto aquela química especial que me diz que ela é a pessoa", dizem. "Quero me apaixonar por alguém, realmente quero, mas, de certa forma, nunca consigo." Não ficaríamos surpresos em descobrir que pode ser nossa própria resistência à dedicação que está sabotando nossa busca por um amor duradouro?

Procurar continuamente o que não está certo num parceiro em potencial não permite espaço para o crescimento da dedicação e o florescer da paixão. A paixão desenvolve-se num ambiente positivo e é sufocada pela crítica e condenação. Se você só se concentrar no que está errado com uma pessoa em vez de no que está correto, corre o riso de nunca se dedicar àquelas pequenas coisas que são a base para a verdadeira paixão e intimidade.

Não estou sugerindo que se dedique eternamente a alguém que mal conhece e de quem não gosta tanto assim, esperando a criação de alguma paixão instantânea. Contudo, na maior parte dos casos, simplesmente expandindo sua dedicação em qualquer nível de relacionamento em que estiver, abrirá a porta para que possa emergir a paixão que ali está.

Procure apaixonadamente o que há de bom
em cada pessoa.
Se procurar, encontrará.

Então, não importará
se termina passando
só vinte minutos com ele,
ou vinte anos.

O tempo partilhado será um tempo de amor,
porque você buscou o amor,
porque você encontrou o amor.

Descobrindo a Paixão da Devoção

Quando a maioria de nós ouve a palavra "paixão", pensa em sexo. É verdade — a paixão sexual é uma sensação poderosa, a deliciosa experiência do amor expressando-se no corpo. Mas é triste que muitas pessoas limitem sua experiência de paixão ao que ocorre durante uns poucos minutos de intimidade sexual.

Paixão não é o mesmo que prazer. Você pode experimentar prazer sem estar emocionalmente envolvido no que está acontecendo, sem estar apaixonado. É porque a fonte de prazer está no físico, em sua pele, em seus nervos. Prazer é uma resposta física a certos estímulos, uma resposta que pode ser ligada ou desligada com bastante rapidez e facilidade.

A paixão, entretanto, não é tão fácil de criar ou compreender. Não pode ser ligada e desligada como uma sensação porque é muito mais que uma sensação. A verdadeira paixão não está limitada ao físico, nem confinada ao que sentimos em certas partes de nosso corpo. Sua fonte transcende a forma e é encontrada no que não tem forma: a câmara secreta do coração.

O coração é o lar da verdadeira paixão. Lá, no reino misterioso e invisível de onde surgem todos os sentimentos, jaz o oceano da paixão, esperando ser provocado não pelo toque certo ou por uma carícia habilidosa, mas pela única coisa que pode fazer brotar a paixão — o amor de outro coração.

Amor é a chave mágica que abre a porta para sua paixão, amor que vai além do corpo, dos sentidos e do ego. Não depende de seu humor, da aparência de seu amante naquele dia, de quem é a vez de levar o cão para passear, ou de quanto, a cada momento, vocês concordam um com o outro. É amor que surge quando você é capaz de entregar-se completamente ao outro, permitindo que seu amor penetre em você assim como o seu penetra nele.

Este tipo de amor baseia-se na devoção — um estado elevado de amor que reconhece e exalta a intrínseca unidade de seu espírito e do espírito da pessoa amada. Sua ligação é antiga, eterna e inquebrantável. Quando você é abençoado com esta forma mais elevada de amor, ela se expressará com prazer na forma mais elevada de paixão, paixão que transforma mera conexão em união e mero prazer físico em êxtase emocional e espiritual.

A paixão que transcende o corpo ocorre
quando todo o seu ser
está apaixonado por outra pessoa.

Sua mente está apaixonada pela mente dele.
Seu coração está apaixonado pelo
coração dele.
Seu espírito está apaixonado pelo
espírito dele.

Cada célula de seu corpo vibra
de paixão por seu amado.

Esta é a paixão da devoção.

Mantendo Viva a Paixão do Amor

Imagine que você decidiu acender um fogo, talvez enquanto está acampando, ou em casa, na sua lareira. Você cuidadosamente escolhe a lenha, o combustível e, depois de acender um fósforo para começar o fogo, observa até que este está ardendo forte e firme. Então, senta e desfruta do confortante calor, o delicioso dançar das chamas, a luz mágica. Você não precisa ficar vigilante para manter o fogo queimando, pois por enquanto há combustível suficiente. Mas em algum momento, quando notar que está ficando um pouco mais frio, ou a luz está diminuindo, percebe que o fogo precisa novamente de atenção. Então você pára o que está fazendo e acrescenta mais lenha, ou ajusta a posição das toras de forma que, mais uma vez, as chamas possam se elevar.

Mesmo que tenha negligenciado o fogo por um momento, mesmo se ele parece ter perecido, você vê que as brasas ainda irradiam um brilho profundo e alaranjado que só pode ter sido criado por horas de intenso calor. As brasas são ilusórias, e armazenam um grande poder dentro de sua tranqüila luz. Embora elas mesmas não produzam chamas podem, em segundos, inflamar um pedaço de madeira recentemente adicionado, repentinamente recuperando toda a força do fogo, transformando carvões inativos em intensas labaredas.

Podemos aprender muito sobre a paixão entre duas pessoas pensando no que intuitivamente sabemos sobre acender uma fogueira e mantê-la acesa. Quando você encontra alguém pela primeira vez e se apaixona, cuidadosamente corteja e seduz esta pessoa, acrescentando a quantidade correta de intimidade, a perfeita quantidade de dedicação até que o fogo da paixão brilhe entre seus corações e seus corpos. Durante certo tempo, esta chama arde brilhantemente por si mesma, e você vai se acostumando à alegria que ela traz à sua vida. "Como somos sortudos", diz a si mesmo, "em ter tal relacionamento apaixonado!"

Mas um dia percebe que há menos luz, menos calor entre você e seu companheiro e, na verdade, vem sendo assim há algum tempo. Você não sente o mesmo grau intenso de atração física, o mesmo desejo de união, o mesmo estímulo que uma vez sentiram um com o outro. "A paixão se foi", talvez conclua. "Acho que não estou mais apaixonada. Este relacionamento acabou."

Quantas pessoas se perguntam, neste ponto crítico de um romance, se o fogo da paixão se apagou simplesmente por falta de cuidado, porque ninguém acrescentou o combustível necessário para mantê-lo ardendo? Quantas pessoas se distanciam das brasas fumegantes de seus casamentos, certas de que o fogo se extinguiu, sem notar que os carvões do amor ainda guardam calor suficiente para reacender as chamas se tiverem uma chance?

Respeite o fogo da paixão, o fogo do amor. Compreenda que, para permanecer vivo, ele necessita ser respeitado, protegido, cuidado tão diligentemente quanto você cuidaria de um fogo que tivesse acendido no deserto para ajudar você a manter-se quente e livre do perigo. Abasteça o fogo de seu amor com gentileza, comunicação, estima e gratidão, e ele sempre produzirá chamas fortes e brilhantes para você.

Paixão é o som que o amor faz
quando canta,
o movimento que o amor faz
quando dança.

Paixão é o presente que você recebe
quando respeita o fogo do amor
e aprende a mantê-lo ardendo.

PARTE TRÊS

VIVENDO COM PAIXÃO

A Coragem para Viver Apaixonadamente

É preciso coragem para viver apaixonadamente. Quando você escolhe viver com paixão, abre-se completamente para cada momento e situação. Abre mão de tudo. Não retém coisa alguma.

Este tipo de coragem não é a necessária para caminhar quilômetros no deserto, saltar de pára-quedas ou escalar uma montanha íngreme. Estas façanhas requerem valentia física, coragem física. A coragem para ficar apaixonado, por outro lado, não advém da confiança na força de seu corpo — advém da confiança na força de seu espírito.

A coragem espiritual nasce da fé, não em algo exterior, mas fé em si mesmo, no poder interior que você possui e que lhe dará tudo de que precisa para o próximo passo de sua jornada. Esta fé permite que participe de corpo e alma em tudo que estiver fazendo e aonde estiver indo. Você não poupa uma certa quantidade de paixão para um futuro em que tenha absoluta certeza de como as coisas ocorrerão. Você neste momento já está oferecendo tudo o que é para a vida.

Desta forma, viver com paixão significa viver no limite. *A paixão o desloca de sua zona de conforto para uma zona de risco, de aventura, de ousadia. Você enfrenta corajosamente as circunstâncias e desafios de sua vida.* Não é que não sinta dúvidas ou medo — acontece que sua paixão é mais forte que seu medo. Ela permite que veja além do que está no caminho de seus sonhos, seus desejos, seu destino e siga em frente com entusiasmo.

Nunca esquecerei de um encontro que tive com alguém que julgou meu intenso entusiasmo e paixão pela vida. *"Sabe, não é possível que você esteja sendo verdadeira"*, disse ele, em tom de acusação. *"Você é segura demais, muito entusiasmada com o que está fazendo. Isso tem que ser falso. As pessoas não agem deste modo."*

Lembro-me de ter ficado assombrada quando escutei este homem que eu sabia estar buscando sem sucesso seu próprio objetivo na vida. É triste que, para ele, qualquer pessoa realmente excitada com a vida deve estar fingindo. Infelizmente seu ponto de vista não é incomum em nossa sociedade onde, para muitos, ser *cool* e politicamente correto significa agir como se não se importasse, ser cínico e sarcástico, ser desapaixonado.

A única opinião pessoal que vai importar para você no final de sua existência é a sua própria. Ouse vencer seu medo de como os outros o consideram e faça o que parece bom para você. Ouse viver sua vida apaixonadamente. O mundo está esperando que sua magnificência se revele.

Você tem o poder de criar
uma vida de profunda realização.
Você tem o poder de criar
uma vida de muito propósito.

Este poder está em sua paixão.

Encontre a coragem para levar sua paixão
aonde você for.

Descubra a coragem para mostrar sua paixão
a quem quer que você encontre.

Quando escolher ficar apaixonado
por sua vida, sua vida
ficará apaixonada por você.

Paixão e Trabalho

A maioria de nós passa pelo menos metade do dia no trabalho, tanto dentro quanto fora de casa. É muito tempo para passar fazendo algo, a menos que isto nos torne felizes. Por isso muitas pessoas reclamam que seus trabalhos não lhes parecem gratificantes, que temem acordar de manhã e ir para o escritório. O que realmente estão dizendo é que seus empregos não permitem que sintam qualquer paixão.

É impossível sentir-se entediado, sem propósito e até mesmo ressentido dia após dia, semana após semana, sem que nossa psique sofra severas conseqüências. *Quando trabalhamos sem paixão, rapidamente nos "esgotamos".* Fadiga, depressão, ansiedade, vícios — são sinais de que seu espírito está ansioso para se apaixonar por seu trabalho e se sente frustrado por não sentir-se totalmente vivo durante tantas horas todos os dias.

Parte do problema é que nós geralmente temos opiniões muito rígidas sobre o tipo de profissão que pode fazer com que se fique apaixonado e que trabalhos são somente "trabalhos", um modo de sobreviver e só. Por exemplo, você pode pensar que é mais fácil apaixonar-se por um trabalho mais glamouroso, como numa indústria de entretenimento, ou que pague muito bem, como um banqueiro, do que se apaixonar sendo uma secretária ou um vendedor. Mas lembre-se — a fonte da paixão está dentro de você, e não num tipo particular de trabalho. *Não é o emprego que o faz apaixonado. É você que torna o trabalho vivo, impregnando-o de paixão.*

Este é o segredo para encontrar realização em seu trabalho: na verdade, não importa o que você faz no mundo para sobreviver. *O que importa é como o faz.* Você poderia ter o emprego mais excitante e bem remunerado que se poderia imaginar, mas se não descobrir alguma paixão por seu trabalho terminará sentindo-se impaciente, infeliz e frustrado. Por outro lado, se você escolher expressar a parte apaixonada de seu ser, dedicando-se por completo ao emprego, mesmo se este não for chamativo ou não lhe pagar um grande salário, terá uma profunda sensação de satisfação com o que está contribuindo para o mundo, e uma sensação de paz dentro de si mesmo.

Faça seu trabalho com amor.
Faça seu trabalho com gratidão.
Faça seu trabalho com paixão.

Esta é sua verdadeira missão na terra,
e você pode executá-la a qualquer momento
e em qualquer lugar.

Quando você dá tudo de si
em cada momento de seu trabalho
e em cada momento de sua vida,
experimenta o verdadeiro sucesso
e conhece a verdadeira realização.

Vendo o Mundo com Olhos Apaixonados

A paixão não está somente disponível para pessoas que têm muito dinheiro e tempo livre, pessoas que não têm filhos nem precisam transportá-los de carro, não têm prazos a cumprir, reuniões de vendas e pilhas de roupas por lavar, o que já deveria ter sido feito na semana anterior. Está à sua disposição. Na verdade, está à disposição de todos. É por isso que, para experimentar paixão, você não precisa de circunstâncias glamourosas ou distrações excitantes. *Tudo que precisa fazer é aprender a ver o mundo com novos olhos, com olhos apaixonados.*

Lembra-se de quando se apaixonou pela primeira vez? Como o mundo lhe parecia bonito? Como tudo tinha uma aparência diferente e nova? O pôr-do-sol parecia mais inspirador, as árvores e as flores mais coloridas, o céu noturno mais estonteante... Na verdade, nada, absolutamente nada, no exterior, tinha mudado desde que você conheceu a pessoa amada. O que estava diferente? VOCÊ! Apaixonar-se ligou-o à sua própria paixão, e você estava vendo o mundo com olhos novos, apaixonados.

A paixão não está só acessível em alguns pores-do-sol, algumas caminhadas vespertinas ou alguns ramalhetes de flores. A fonte da paixão não tem nada a ver com objetos ou mesmo pessoas com quem cruza. *Você é quem decide se carrega ou não sua própria paixão a cada experiência. É sua própria paixão pela vida que lhe permite perceber a verdadeira beleza em cada pessoa, em cada pôr-do-sol, em cada espetáculo da natureza, em cada situação que encontra.*

Ver o mundo com olhos novos e apaixonados significa vê-lo como um amante o faria. "Você observou aqueles dois pássaros?", dizem os amantes um para o outro. "Eles estão voando tão juntos... — devem estar apaixonados." "Não é incrível como o vento está acariciando os ramos destas árvores, como se estivesse fazendo amor com elas?", maravilham-se eles. Os amantes buscam no exterior os reflexos para suas ardentes emoções internas. Eles percebem facilmente o amor, a paixão na criação, porque vêem tudo através desta espécie de lentes. *Eles sentem amor, então vêem amor. Eles sentem paixão, então vêem paixão.*

Deste mesmo modo, durante seu dia, busque o amor, busque o modo apaixonado com que a vida se expressa:

Em vez de simplesmente perceber a claridade aparecendo do lado de fora da janela, anunciando o início de outro dia de trabalho, pense em como você se sente grato por despertar e encontrar-se vivo, em ser fielmente saudado pelo sol, e ter outras vinte e quatro horas para aprender, rir e amar.

Em vez de nada mais conseguir ver além de pilhas de roupas para lavar, pense em seus preciosos entes queridos que vestirão aquelas roupas, que se divertirão com elas, trabalharão com elas, dormirão com elas e em como você é abençoado por ter estas companhias em sua vida.

Não tente engolir sua refeição tão rapidamente quanto for possível para que possa logo voltar ao trabalho. Pense em todas as pessoas que passam meses planejando, cuidadosamente cultivando e colhendo o alimento, de forma que, quando estiver com fome, você pode ter algo para comer, e pense em como é afortunado por ter sempre o suficiente.

Quando começar a ver o mundo deste modo, com olhos apaixonados, cada dia será repleto de maravilha e cada momento, repleto de significado.

Quando você está apaixonado pela vida,
vê o mundo
através dos olhos de um amante.
Percebe o mundo
através dos olhos da paixão.

Ver com olhos apaixonados
significa perceber a beleza em tudo,
maravilhar-se com a magia de cada
momento, e buscar o amor em todos.

Sua Paixão Faz Diferença no Mundo

Uma vez, enquanto viajava de avião para uma conferência, sentei-me perto de um vendedor que estava voltando para casa depois de uma extenuante semana viajando. Conversamos durante muitas horas sobre nosso trabalho, nossas famílias, nossos lugares favoritos no mundo, e nossos cachorros! Perto do fim da conversa, este homem virou-se para mim com muita sinceridade e disse:

— Tenho uma confissão a fazer... eu realmente a invejo.

— Por quê? — perguntei.

— Bem, eu sou somente um vendedor — respondeu. — Mas você, você com seu trabalho, realmente faz uma contribuição ao mundo. Você toca o coração das pessoas. Se eu não tivesse minhas responsabilidades familiares, largaria meu emprego agora mesmo e voltaria para a faculdade, para graduar-me em alguma profissão como a sua. Embora eu saiba que é muito tarde para isso, nada mais posso fazer além de desejar ter feito mais da minha vida, ter feito algo realmente significativo.

Olhei para aquele homem, cordial e atencioso, refleti sobre quanto gostei de termos passado um tempo juntos, quanto suas palavras e histórias me tocaram, e disse:

— Obrigada por ter sido honesto comigo, mas quero

que saiba: Você está errado! Você *fez* algo maravilhoso com sua vida. De fato, fez isso durante as últimas duas horas. Você é uma pessoa apaixonada, atenciosa, e esta paixão definitivamente contribuiu com algo maravilhoso para minha vida. Você partilhou maravilhosas anedotas sobre sua família que me fizeram parar e apreciar muito mais a minha própria família. Você descreveu lugares onde esteve com tanta riqueza e amor que eu senti alguns doces momentos de gratidão pela beleza da criação de Deus. Seu amor fez diferença em minha vida, e eu aposto que todos os dias seu amor e entusiasmo fazem diferença nas vidas de muitas pessoas.

Os olhos de meu companheiro de viagem encontraram os meus, e eu vi que estavam cheios de lágrimas.

— Obrigado — sussurrou ele com uma voz rouca. — Eu realmente precisava ouvir isso. Ultimamente tenho me sentido um fracassado, punindo-me por não ter feito o suficiente pelo mundo. Não fiz coisa alguma que julgasse realmente significativa. Até agora nunca havia pensado que minha paixão pela vida pudesse ser considerada uma contribuição aos outros. Mas sei que você está certa, porque sua paixão fez uma grande diferença para mim.

Não importa quem você seja,
não importa como passe seu tempo,
todos os dias você tem
dúzias de oportunidades
de fazer alguma diferença nas vidas
das pessoas que conhece à sua volta,
bem como às pessoas que não conhece.

Como?
Permitindo que sua paixão natural
pela vida se expresse
através de suas palavras, seus olhos,
suas ações
e até mesmo através da linguagem
silenciosa do coração.

Sua paixão age como
um convite para os outros,
acenando para que suas próprias paixões
apareçam.

Tenha Fé em sua Paixão

Para viver e amar com paixão, você deve ter fé, fé em seu próprio coração, fé em seu próprio amor. Fé significa reconhecer a conexão apaixonada que você tem com seus próprios sonhos, suas próprias esperanças, seu próprio desejo de fazer diferença no mundo. Fé é a expressão natural de sua paixão — quando você está apaixonado em um relacionamento, por um projeto, ou causa, em seu coração brota um sentimento de fé, a fé de que fará tudo que for necessário para que aquilo com que se importa seja um sucesso.

Algumas pessoas interpretam erroneamente o ato de ter fé como uma perda de poder, uma renúncia de responsabilidade pela vida em favor de algo fora de si mesmas. Isto é dependência, não fé. *Fé não significa confiar que algo ou alguém irá salvá-lo ou fazer com que tudo fique bem. A verdadeira fé está em si mesmo, não no destino.* É fé em seu próprio poder interior, em sua própria paixão. Esta paixão é que o motiva a assumir a responsabilidade por seu próprio futuro e sua fé surge de seu compromisso para agir assim.

O Universo tem fé em você, ou você não estaria aí. Já lhe deu tudo de que precisa para cumprir seu destino. Agora, depende de você aceitar o presente de sua vida e sua singularidade e partilhá-los apaixonadamente com os outros.

É da paixão que nasce a fé.

Quando você se render à sua paixão
por alegria, realização, verdade,
automaticamente se conectará
à fonte de vida dentro de si mesmo.

Repentinamente, sentir-se-á impregnado
de força, propósito,
de algo maior que o que você experimentou
antes como seu self.

Então perceberá que
a fé não tem nada a ver com esperança —
é uma confiança, uma consciência
de que a Inteligência Universal está
trabalhando através de você como você.

O Universo Apaixonado

Estamos vivendo num universo muito apaixonado. Se você olhar cuidadosamente em volta, é óbvio que quem, ou o que, quer que seja responsável pela criação de nosso mundo físico, o fez com muita paixão. A natureza é corajosa e variada em seus projetos e detalhes, indicando-nos que o artista cósmico por trás dos bastidores tem acesso a uma provisão infinita de paixão, de entusiasmo, de alegria.

Pense nisso — é realmente necessário que haja milhares de variedades de flores, em todas as formas imagináveis, em todas os adoráveis matizes de cor, em todas as fragrâncias inebriantes? Deus poderia ter criado somente uma flor genérica que seria útil para os insetos. Realmente não havia necessidade de tal entusiástica manifestação de imaginação. Qual a explicação para este arco-íris de beleza que vemos em nossos jardins? Paixão! A paixão da inteligência criativa para expressar-se com ousadia, alegrando-se em seu próprio amor.

Em todo lugar do universo físico, vemos esta mesma assinatura apaixonada. Cada dia começa e termina com um maravilhoso espetáculo de roxos, laranjas, rosas e vermelhos no céu quando o sol nasce e se põe. Todas as noites podemos testemunhar um milhão de cintilantes estrelas, como diamantes distantes decorando os céus.

Ficamos sucessivamente entretidos, alegres, assustados e aliviados por leves brisas, fortes ventos, furiosas tempestades, ardente calor, frios flocos de gelo e refrescante chuva. Nenhuma nuvem é igual a outra. Nenhuma árvore cresce exatamente igual a outra. Nenhuma onda eleva-se e cai no mesmo ponto que outra. Cada impressionante montanha, cada rio que corre, cada ser humano tem sua própria singularidade que não pode ser duplicada. E já que toda coisa vivente é diferente de outra, cada momento é verdadeiramente imprevisível, sempre interessante, e nunca, nunca entediante.

O universo apaixonado desafia-nos a viver apaixonadamente, a enfrentar cada nova experiência com paixão, encontrar cada pessoa nova com paixão, apreciar cada uma das maraviihas à nossa volta com paixão. Estamos rodeados de lembretes mágicos sobre como a paixão se manifesta, como a natureza amorosamente nos convida a nos unirmos à apaixonada dança da vida.

Olhe à sua volta o nosso mundo
miraculoso e glorioso.
Em toda parte verá beleza
que desperta sua própria paixão.
Em toda parte perceberá a majestade
que o lembra de
sua própria magnificência.

Quando você se permitir ver verdadeiramente a criação em todo o seu esplendor, então despertará para a inevitabilidade de seu próprio poder, sua própria paixão, pois você é parte do esplendor.

É como se Deus estivesse dizendo: "Eu o amo. Estou apaixonado por você. E esta é a razão pela qual fiz tudo isto para você."

Partilhando seu Dom da Paixão

Como poderemos retribuir o que nos criou para a dádiva desta surpreendente vida? Se há um modo, acredito que seja viver inteiramente, completamente e com paixão cada momento que nos foi dado. E viver apaixonadamente significa levar amor a todos que conhecer e a tudo que fizer.

Seu amor é o maior presente que você pode oferecer ao mundo. Quando você partilha seu amor, quer de formas pequenas ou profundas, está dividindo seu bem mais precioso. Esta partilha de algo tão valioso honra o receptor; honra a você mesmo que o partilha; e honra a Fonte da qual aquele amor provém.

Hoje, amanhã, e todos os dias que se seguirem, você terá centenas de oportunidades para partilhar a dádiva de seu amor — com um toque ou um sorriso, através de uma palavra gentil ou um pensamento compassivo, de maneiras óbvias, de modos invisíveis, com pessoas que conhece, com pessoas que nunca encontrou antes. Abra seu coração. Deixe correr o rio de sua paixão. Em pouco tempo você descobrirá o segredo mais surpreendente: *Quanto mais amor você der, mais amor você terá!*

O amor age como uma luz
radiante, iluminando tudo que toca,
acendendo, ela mesma, a luz em
cada coração.

Quanto mais você ama,
mais viverá com paixão,
mais permitirá que outros
façam o mesmo.

Desta forma,
o presente de sua paixão é transferido,
muitas e muitas vezes, de pessoa a pessoa,
de coração a coração.

Isto não é um milagre?

Nunca haverá um fim
para o efeito de seu amor
no mundo...

Este livro foi composto na tipologia Agaramond
em corpo 11/14 e impresso em papel Offset
90g/m² no Sistema Cameron da Divisão
Gráfica da Distribuidora Record.